lex:tra
JUNIOR

Unser erstes

BILDWÖRTERBUCH POLNISCH

zum Entdecken, Lesen und Hören

Was du mit diesem Buch alles machen kannst

Nun, zunächst einmal darin blättern. Im polnisch-deutschen Wörterverzeichnis stehen mehr als 800 Begriffe. Zu jedem Begriff findest du ein Bild und die deutsche Übersetzung. Die polnischen Begriffe sind nach dem Alphabet geordnet, sodass du ein bestimmtes Wort leicht finden kannst.

Die Wörter im alphabetischen Verzeichnis sind Nomen (Hauptwörter) wie **aligator** und **zebra**. Die Verben (Tätigkeitswörter) findest du fast alle auf den vier Seiten **Co można robić**. Die meisten Adjektive (Eigenschaftswörter) stehen auf den zwei Seiten **Duży i mały** und die Präpositionen (Verhältniswörter) auf der Doppelseite **Gdzie oni są?**

Willst du wissen, wie ein deutsches Wort auf Polnisch heißt, schlägst du im deutsch-polnischen Wörterverzeichnis nach. Möchtest du zum Beispiel das polnische Wort für **Bohrmaschine** wissen, dann guckst du im deutsch-polnischen Verzeichnis unter **B** nach. Dort steht dann, dass **Bohrmaschine** auf Polnisch **wiertarka** heißt. Danach kannst du im polnisch-deutschen Teil unter **wiertarka** nachschauen, ob eine polnische Bohrmaschine so aussieht, wie du sie dir vorgestellt hast.

Schaust du beispielsweise im deutsch-polnischen Wörterverzeichnis unter **W** nach, was **werfen** auf Polnisch heißt, findest du die polnische Übersetzung **rzucać** und die Zahl **89**. Das bedeutet, dass das Wort **rzucać** auf Seite **89** steht. Diese Seite ist eine Bildseite und hier musst du dann ein bisschen nach dem Wort **rzucać** suchen.

Wenn du einen TING-Stift hast, dann kann dieses Wörterbuch sogar noch viel mehr! Nachdem dir ein Erwachsener die entsprechenden Dateien auf den TING-Stift geladen hat, geht das so:

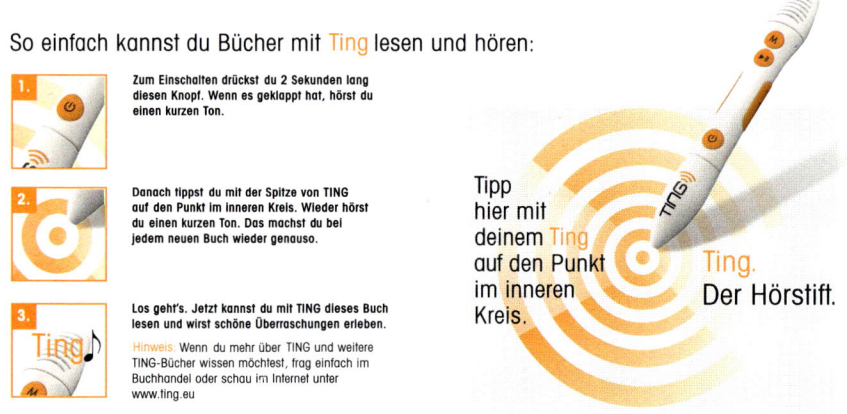

So einfach kannst du Bücher mit Ting lesen und hören:

1. Zum Einschalten drückst du 2 Sekunden lang diesen Knopf. Wenn es geklappt hat, hörst du einen kurzen Ton.

2. Danach tippst du mit der Spitze von TING auf den Punkt im inneren Kreis. Wieder hörst du einen kurzen Ton. Das machst du bei jedem neuen Buch wieder genauso.

3. Los geht's. Jetzt kannst du mit TING dieses Buch lesen und wirst schöne Überraschungen erleben.

Hinweis: Wenn du mehr über TING und weitere TING-Bücher wissen möchtest, frag einfach im Buchhandel oder schau im Internet unter www.ting.eu

Tipp hier mit deinem Ting auf den Punkt im inneren Kreis.

Ting. Der Hörstift.

Das Geräusche-Such-Spiel: Damit das Zuhören noch mehr Spaß macht, haben wir auf jeder Doppelseite mal hier, mal da lustige Geräusche versteckt. Wie viele kannst du auf den verschiedenen Seiten finden?

Viel Spaß beim Polnisch lesen und hören!

Was findest du wo in diesem Buch?

Das polnisch-deutsche Wörterverzeichnis mit Bildern 4

Bunte Bilderseiten nach Themen geordnet

Kolory, Liczby, Formy 78
Farben, Zahlen, Formen

Moja rodzina 80
Meine Familie

Nasz dom 81
Unser Haus

Duży i mały 82
Klein und groß

Gdzie one są? 84
Wo sind sie?

Co można robić 86
Was du tun kannst

Która godzina? 90
Wie spät ist es?

Doba 91
Tag und Nacht

Rok ma dwanaście miesięcy 92
Ein Jahr hat zwölf Monate

Pogoda 93
Das Wetter

Cztery pory roku 94
Die vier Jahreszeiten

Wszystkich Świętych, lany poniedziałek 96
Allerheiligen, Ostermontag

Das deutsch-polnische Wörterverzeichnis 97

Impressum 108

A a

adres
die Adresse

agrafka
die Sicherheitsnadel

akrobaci
die Akrobaten

akwarium
das Aquarium

album
das Album

aligator
der Alligator

ananas
die Ananas

anioł
der Engel

anorak
der Anorak

aparat cyfrowy
die Digitalkamera

B b

aparat fotograficzny
der Fotoapparat

arbuz
die Wassermelone

astronauta /
astronautka
der Astronaut /
die Astronautin

atlas
der Atlas

auto
das Auto

autobus
der Bus

autobus piętrowy
der Doppeldeckerbus

badminton
der Federball

bajka
das Märchen

balon na ogrzane
powietrze
der Heißluftballon

balonik
der Luftballon

banan
die Banane

bańki mydlane
die Seifenblasen

biedronka
der Marienkäfer

baranek
das Lamm

biegacz / biegaczka
der Läufer /
die Läuferin

basen
das Schwimmbad

bilet
die Fahrkarte

bateria
die Batterie

biurko
der Schreibtisch

bąk
der Kreisel

bliźnięta
die Zwillinge

bęben
die Trommel

blok rysunkowy
der Zeichenblock

biblioteka
die Bücherei

bocian
der Storch

ból gardła
die Halsschmerzen

brew
die Augenbraue

ból zęba
die Zahnschmerzen

broda
das Kinn

brama
die Pforte

brzoskwinia
der Pfirsich

brama
das Tor

brzuch
der Bauch

bramkarz
der Torwart

budka telefoniczna
die Telefonzelle

bransoletka
das Armband

bułka
das Brötchen

bratek
das Stiefmütterchen

butelka
die Flasche

buty
die Schuhe

C c

buty z cholewami
die Stiefel

byk
der Stier

cebula
die Zwiebel

cena
der Preis

28.00€

chipsy ziemniaczane
die Kartoffelchips

chleb
das Brot

chłopiec
der Junge

a ą b **c** ć d e ę f g h i j k l ł m n ń o ó p r s ś t u w y z ź ż

chodnik
der Bürgersteig

ciągnik
der Traktor

chomik
der Hamster

cielę
das Kalb

chrząszcz
der Käfer

cukier
der Zucker

chusteczka do nosa
das Taschentuch

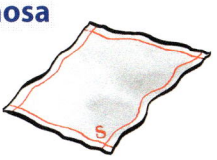

cukierki
die Bonbons

chusteczki higieniczne
die Papiertaschentücher

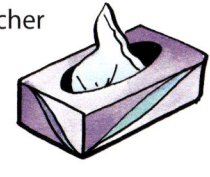

cyrk
der Zirkus

ciastko
der Keks

cytryna
die Zitrone

ciasto
der Kuchen

czajnik
der Wasserkocher

czapka
die Mütze

czarownica
die Hexe

czapka zrobiona na drutach
die Strickmütze

czasopismo
die Zeitschrift

czarne porzeczki
die Schwarzen
Johannisbeeren

czekolada
die Schokolade

czarodziej
der Zauberer

czepek kąpielowy
die Badekappe

czarodziejska różdżka
der Zauberstab

czerwone porzeczki
die Roten
Johannisbeeren

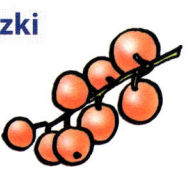

Ćć Dd

ćwiartka
das Viertel

dąb
die Eiche

delfin
der Delfin

deser
der Nachtisch

deska
das Brett

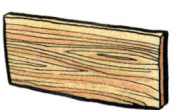

deska surfingowa
das Surfbrett

detektyw
der Detektiv /
die Detektivin

dom towarowy
das Kaufhaus

dinozaur
der Dinosaurier

doniczka
der Blumentopf

długopis
der Kugelschreiber

dorośli
die Erwachsenen

dmuchany materac
die Luftmatratze

dowcip
der Witz

do widzenia
Auf Wiedersehen

dozorca / dozorczyni w zoo
der Tierwärter /
die Tierwärterin

dolina
das Tal

drabina
die Leiter

dom dla lalek
das Puppenhaus

drabina składana
die Trittleiter

dres
der Trainingsanzug

duch
das Gespenst

drewno
das Holz

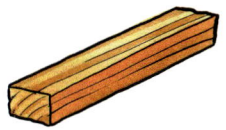

dworzec
der Bahnhof

droga
der Weg

dym
der Rauch

druty do robót ręcznych
die Stricknadeln

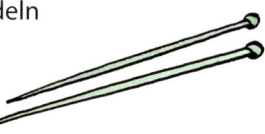

dynia
der Kürbis

drzemka
das Nickerchen

dywan
der Teppich

drzewo
der Baum

dzbanek do herbaty
die Teekanne

drzwi
die Tür

dziadek do orzechów
der Nussknacker

dziecko
das Kind

dziurka od klucza
das Schlüsselloch

dziewczynka
das Mädchen

dzwonek
die Glocke

dzięcioł
der Specht

dźwig
der Kran

dziub
der Schnabel

dżdżownica
der Regenwurm

dziura
das Loch

dżungla
der Dschungel

Ee Ff

echo
das Echo

fabryka
die Fabrik

ekran
der Bildschirm

fajerwerki
das Feuerwerk

eksperyment
das Experiment

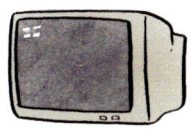

fala
die Welle

elf
der Elf

farba
die Farbe

fasola
die Bohnen

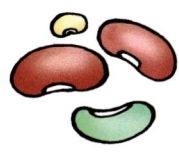

a ą b c ć d e ę **f** g h i j k l ł m n ń o ó p r s ś t u w y z ź ż

filiżanka
die Tasse

foka
der Seehund

film
der Film

fontanna
der Springbrunnen

firanka
die Gardine

fotel
der Sessel

flaga
die Fahne

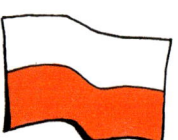

frytki
die Pommes frites

flamaster
der Filzstift

fryzjer / fryzjerka
der Friseur /
die Friseurin

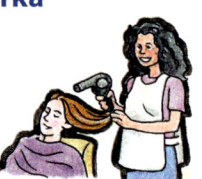

flet prosty
die Blockflöte

16

G g

gałąź
der Zweig

gąbka
der Schwamm

garaż
die Garage

gąsienica
die Raupe

garnek
der Kochtopf

gęś
die Gans

garnitur
der Anzug

gitara
die Gitarre

gazeta
die Zeitung

głowa
der Kopf

główka kapusty
der Kohl(kopf)

górale
die Bergbewohner

gniazdo
das Nest

gra
das Spiel

gofr
die Waffel

grabie
die Harke

gołąb
die Taube

gracz
der Spieler /
die Spielerin

goryl
der Gorilla

gra komputerowa
das Computerspiel

gospodarstwo rolne
der Bauernhof

gra planszowa
das Brettspiel

góra
der Berg

gra w karty
das Kartenspiel

grejpfrut
die Grapefruit

gumka
das Gummiband

groszek
die Erbsen

gumka do wycierania
der Radiergummi

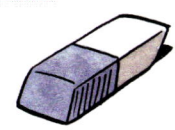

gruszka
die Birne

guzik
der Knopf

grzebień
der Kamm

gwizdek
die Trillerpfeife

grzyb
der Pilz

gwóźdź
der Nagel

a ą b c ć d e ę f g **h** i j k l ł m n ń o ó p r s ś t u w y z ź ż

H h

hałas
der Lärm

harcerz / harcerka
der Pfadfinder /
die Pfadfinderin

helikopter
der Hubschrauber

hełm ochronny
der Sturzhelm

herbata
der Tee

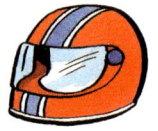

hipopotam
das Nilpferd

homar
der Hummer

hula-hoop
der Reifen

hulajnoga
der Tretroller

huśtawka
die Schaukel

huśtawka
die Wippe

I i

igła
die Nadel

imię
der Name

Mam na imię Jacek.

Jj

jabłko
der Apfel

jednorożec
das Einhorn

jajko
das Ei

jedzenie
das Essen

jajko sadzone
das Spiegelei

jelonek
das Rehkitz

jaskółka
die Schwalbe

jezioro
der See

jaszczurka
die Eidechse

jeż
der Igel

K k

jeżyna
die Brombeere

język
die Zunge

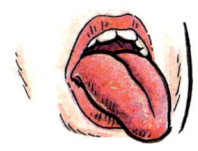

jodła
die Tanne

kaczka
die Ente

jogurt
der Joghurt

kalkulator
der Taschenrechner

kalosze
die Gummistiefel

kałuża
die Pfütze

kamienie
die Steine

23

kanarek
der Kanarienvogel

karty do gry
die Spielkarten

kangur
das Känguru

karuzela
das Karussell

kapcie
die Hausschuhe

kawa
der Kaffee

kapelusz
der Hut

kawałek
das Stück

kaptur
die Kapuze

kąpiel z pianą
das Schaumbad

karetka pogotowia
der Krankenwagen

kąpielówki
die Badehose

kark
der Nacken

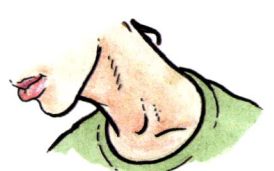

kciuk
der Daumen

keczup
der Ketchup

kij
der Stock

kiełbaska
das Würstchen

kij baseballowy
der Schläger

kieliszek do jaj
der Eierbecher

kij hokejowy
der Eishockeyschläger

kierowca
der Fahrer /
die Fahrerin

kijanka
die Kaulquappe

kierownica
das Lenkrad

kijki narciarskie
die Skistöcke

kierownica rowerowa
der Fahrradlenker

kino
das Kino

kieszonkowe
das Taschengeld

klatka
der Käfig

a ą b c ć d e ę f g h i j **k** l ł m n ń o ó p r s ś t u w y z ź ż

klawiatura
die Tastatur

kobieta
die Frau

klucz
der Schlüssel

kogut
der Hahn

klucz płaski
der Schraubenschlüssel

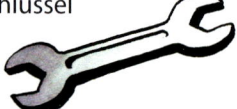

kolano
das Knie

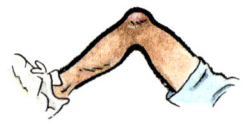

kluski
die Nudeln

kolczyk
der Ohrring

kłódka
das (Vorhänge)Schloss

kolej
die Eisenbahn

kłótnia
der Streit

kolejka
die Warteschlange

koala
der Koalabär

kolejka górska
die Achterbahn

koło
das Rad

koń
das Pferd

koło ratunkowe
der Schwimmring

koparka
der Bagger

komar
die Mücke

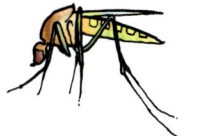

koperta
der Briefumschlag

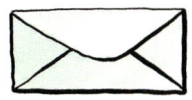

kombinezon narciarski
der Skianzug

korona
die Krone

komputer
der Computer

kort tenisowy
der Tennisplatz

koniec
das Ende

kos
die Amsel

konik polny
der Grashüpfer

kosiarka do trawy
der Rasenmäher

a ą b c ć d e ę f g h i j **k** l ł m n ń o ó p r s ś t u w y z ź ż

kosmita
das Marsmännchen

kość
der Knochen

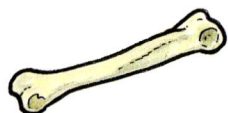

kostka
der Würfel

kościół
die Kirche

kosz
der Korb

kot
die Katze

kosz na papiery
der Papierkorb

kotek
das Kätzchen

kosz na śmieci
der Abfalleimer

kotwica
der Anker

koszula
das Hemd

koza
die Ziege

koszula nocna
das Nachthemd

krawat
die Krawatte

kreda
die Kreide

królik
das Kaninchen

kredki świecowe
die Wachsmalstifte

królikarnia
der Kaninchenstall

kreska
der Strich

królowa
die Königin

kret
der Maulwurf

krótkie spodenki
die Shorts

krokodyl
das Krokodil

kruk
der Rabe

krowa
die Kuh

krzak
der Busch

król
der König

krzesło
der Stuhl

książę
der Prinz

kucharz
der Koch

książka
das Buch

kucyk
das Pony

książka z bajkami
das Geschichtenbuch

kura
die Henne

książka z obrazkami
das Bilderbuch

kura
das Huhn

księżniczka
die Prinzessin

kurnik
der Hühnerstall

księżyc
der Mond

kurtka
die Jacke

ksylofon
das Xylophon

kwiatek
die Blume

kwiz
das Quiz

L l

labirynt
das Labyrinth

lalka
die Puppe

lampa
die Lampe

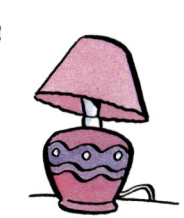

lampart
der Leopard

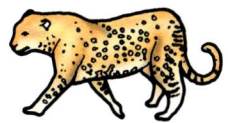

laptop
der Laptop

las
der Wald

lekarz / lekarka
der Arzt / die Ärztin

lasso
das Lasso

lekcja
die Unterrichtsstunde

latający spodek
die fliegende Untertasse

lemoniada
die Limonade

latarka
die Taschenlampe

lew
der Löwe

latarnia morska
der Leuchtturm

leżak
der Liegestuhl

latawiec
der Drachen

lilia wodna
die Seerose

lekarstwo
die Medizin

lina
das Seil

linijka
das Lineal

lodowisko
die Eisbahn

lis
der Fuchs

lodówka
der Kühlschrank

list
der Brief

lody
die Eiscreme

listonosz / listonoszka
der Postbote /
die Postbotin

lokomotywa
die Lokomotive

liście
die Blätter

lornetka
das Fernglas

litery
die Buchstaben

lotnisko
der Flughafen

lizak
der Lutscher

lód
das Eis

lód na patyku
das Eis am Stiel

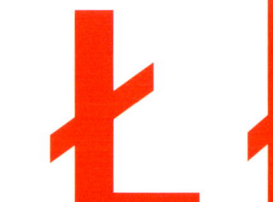

lód w waflu
die Eiswaffel

ludzie
die Leute

łabędź
der Schwan

lustro
der Spiegel

łapa
die Pfote

łąka
die Wiese

łódź
das Boot

łódź podwodna
das U-Boot

aąbcćdeęfghijkl**ł**mnńoóprsśtuwyzźż

łódź wiosłowa
das Ruderboot

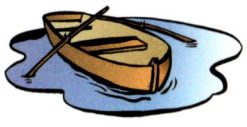

łóżko
das Bett

łokieć
der Ellenbogen

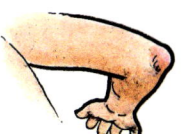

łuk
der Bogen

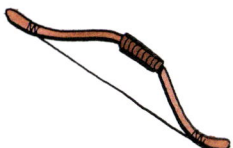

łopata
die Schaufel

łyżka
der Löffel

łoś
der Elch

łyżwy
die Schlittschuhe

M m

magik
der Zauberkünstler

mandarynka
die Mandarine

magnetofon kasetowy
der Kassettenrekorder

mapa
die Landkarte

majtki
die Unterhose

marchew
die Karotte

maliny
die Himbeeren

margaryna
die Margarine

małpa
der Affe

marionetka
die Marionette

marmolada
die Marmelade

mecz piłki nożnej
das Fußballspiel

marynarz
der Matrose

melon
die Melone

maska
die Maske

metro
die U-Bahn

masło
die Butter

mewa
die Möwe

maszyna
die Maschine

mężczyzna
der Mann

maszyna do szycia
die Nähmaschine

miasto
die Stadt

maszynista / maszynistka
der Lokomotivführer /
die Lokomotivführerin

miecz
das Schwert

mieszkanie
die Wohnung

mleko
die Milch

mięso
das Fleisch

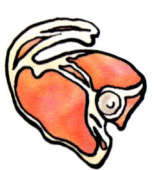

młotek
der Hammer

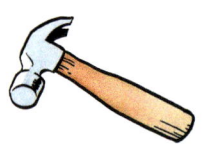

miotła
der Besen

model kolejki elektrycznej
die Modelleisenbahn

miód
der Honig

mors
der Seelöwe

miska
die Schüssel

morze
das Meer

miś pluszowy
der Teddybär

most
die Brücke

mlecz
der Löwenzahn

motocykl
das Motorrad

motyl
der Schmetterling

muzyk
der Musiker /
die Musikerin

mól
die Motte

muzyka
die Musik

mrówka
die Ameise

mydło
die Seife

mucha
die Fliege

mysz
die Computermaus

mur
die Mauer

mysz
die Maus

muszla
die Muschel

myśliwy
der Jäger /
die Jägerin

N n

naleśnik
der Pfannkuchen

naszyjnik
die Halskette

namiot
das Zelt

natura
die Natur

napój
das Getränk

nauczyciel / nauczycielka
der Lehrer /
die Lehrerin

narty
die Skier

nazwisko
der Familienname

narzędzia
die Werkzeuge

netbook
das Netbook

niebo
der Himmel

nos
die Nase

niedźwiedź
der Bär

nosorożec
das Nashorn

niedźwiedź polarny
der Eisbär

nożyczki
die Schere

niemowlę
das Baby

nóż
das Messer

nieporządek
die Unordnung

numer
die Nummer

nietoperz
die Fledermaus

numer telefonu
die Telefonnummer

noga
das Bein

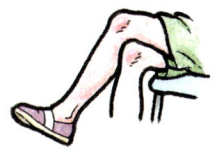

nuta
die Note

O o

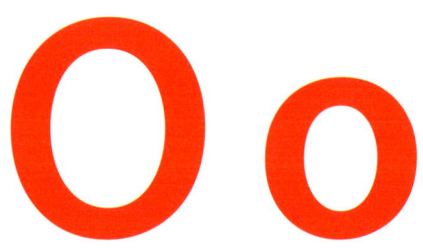

obcęgi
die Zange

odkurzacz
der Staubsauger

obraz
das Bild

odtwarzacz CD
der CD-Player

obroża
das Hundehalsband

odtwarzacz DVD
der DVD-Player

obuwie sportowe
die Turnschuhe

odtwarzacz MP3
der MP3-Player

ocean
der Ozean

ogień
das Feuer

ogon
der Schwanz

olbrzym
der Riese

ogórek
die Gurke

ołówek
der Bleistift

ogród
der Garten

opaska na czoło
das Stirnband

ogrodniczki
die Latzhose

opaska na włosy
der Haarreif

oko
das Auge

opona
der Reifen

okulary
die Brille

orkiestra
das Orchester

okulary przeciwsłoneczne
die Sonnenbrille

orzech kokosowy
die Kokosnuss

orzech włoski
die Walnuss

ospa
die Wespe

orzechy
die Nüsse

otwór na listy
der Briefschlitz

orzechy laskowe
die Haselnüsse

owady
die Insekten

orzeł
der Adler

owca
das Schaf

orzeszki ziemne
die Erdnüsse

owoce
das Obst

osioł
der Esel

P p

paczka
das Paket

palec
der Finger

pagórek
der Hügel

paluszki rybne
die Fischstäbchen

pajac
der Hampelmann

pałac
der Palast

pająk
die Spinne

panda
der Pandabär

palce u nóg
die Zehen

pantera
der Panter

a ą b c ć d e ę f g h i j k l ł m n ń o ó **p** r s ś t u w y z ź ż

papier
das Papier

pasta do zębów
die Zahnpasta

papuga
der Papagei

pasy na jezdni
der Zebrastreifen

papużka falista
der Wellensittich

patelnia
die Pfanne

parasol
der Regenschirm

paw
der Pfau

park
der Park

paznokieć u ręki
der Fingernagel

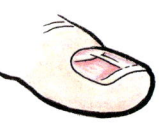

pas bezpieczeństwa
der Sicherheitsgurt

pelikan
der Pelikan

pasek
der Gürtel

pędzel
der Pinsel

pianino
das Klavier

pieniądze
das Geld

piasek
der Sand

pierścionek
der Ring

piaskownica
der Sandkasten

pies
der Hund

piekarnik
der Backofen

piknik
das Picknick

piekarz
der Bäcker / die Bäckerin

pilot
die Fernbedienung

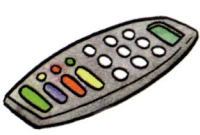

pielęgniarka / pielęgniarz
die Krankenschwester /
der Krankenpfleger

pilot
der Pilot / die Pilotin

pielucha
die Windel

piła
die Säge

piłka
der Ball

piłka nożna
der Fußball

piłka wodna
der Wasserball

pingwin
der Pinguin

piosenka
das Lied

piosenkarz / piosenkarka
der Sänger / die Sängerin

piórnik
das Federmäppchen

pióro
die Feder

pirat
der Pirat /
die Piratin

pizza
die Pizza

piżama
der Schlafanzug

plac zabaw
der Spielplatz

plakat
das Poster

plaster
das Pflaster

plaża
der Strand

płótno
die Leinwand

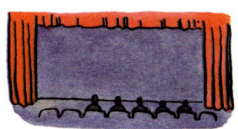

plecak
der Rucksack

pług
der Pflug

plecy
der Rücken

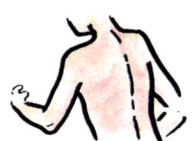

pocałunek
der Kuss

pluszowa zabawka
das Kuscheltier

pociąg
der Zug

płaszcz
der Mantel

pocztówka
die Postkarte

płaszcz przeciwdeszczowy
der Regenmantel

podkładka pod myszkę
das Mauspad

płot
der Zaun

podkoszulek
das Unterhemd

poduszka
das Kissen/
das Kopfkissen

pomarańcza
die Apfelsine

podwórko szkolne
der Schulhof

pomidor
die Tomate

pokój
das Zimmer

pompka rowerowa
die Luftpumpe

pokrywka
der Deckel

ponton
das Schlauchboot

pole
das Feld

port
der Hafen

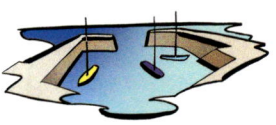

policja
die Polizei

portmonetka
das Portemonnaie

policjant / policjantka
der Polizist / die Polizistin

potwór
das Ungeheuer

praca
die Arbeit

pralka
die Waschmaschine

prezent
das Geschenk

prom
die Fähre

prosię
das Ferkel

prysznic
die Dusche

przebiśnieg
das Schneeglöckchen

przedszkole
der Kindergarten

przepiórka
die Wachtel

przezwisko
der Spitzname

przyczepa
der Anhänger

przyczepa kempingowa
der Wohnwagen

**przyjaciel /
przyjaciółka**
der Freund /
die Freundin

**przystanek
autobusowy**
die Bushaltestelle

psia buda
die Hundehütte

pudełko z farbami
der Malkasten

pszczoła
die Biene

puszka
die Dose

ptaki
die Vögel

puzzle
das Puzzle

pudel
der Pudel

pytanie
die Frage

R r

rabata
das Blumenbeet

radio
das Radio

rajstopy
die Strumpfhose

rak
der Krebs

rakieta
die Rakete

rakieta pingpongowa
der Tischtennisschläger

rakieta tenisowa
der Tennisschläger

ramię
der Arm

ramię
die Schulter

regał na książki
das Bücherregal

rekin
der Hai

renifer
das Rentier

reporter / reporterka
der Reporter /
die Reporterin

restauracja
das Restaurant

ręcznik
das Handtuch

ręka
die Hand

rękawice z jednym palcem
die Fausthandschuhe

rękawiczka pięciopalczasta
die Fingerhandschuhe

rękawki do pływania
die Schwimmflügel

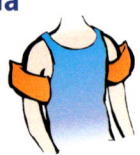

robak
der Wurm

robot
der Roboter

robótka na drutach
das Strickzeug

rolki
die Inlineskates

rolnik
der Bauer / die Bäuerin

rower
das Fahrrad

ruch uliczny
der Verkehr

rowerek bez pedałów
das Laufrad

rudzik
das Rotkehlchen

rower jednokołowy
das Einrad

rurka oddechowa
der Schnorchel

rower trzykołowy
das Dreirad

ryba
der Fisch

rozgwiazda
der Seestern

rybak
der Fischer / die Fischerin

rozkład zajęć
der Stundenplan

rycerz
der Ritter

róża
die Rose

rym
der Reim

Wlazł kotek na płotek i mruga, ładna to piosenka niedługa.

S s

rysunek
die Zeichnung

ryż
der Reis

rzeka
der Fluss

rzodkiewka
das Radieschen

sala lekcyjna
das Klassenzimmer

sałata
der Kopfsalat

sałatka
der Salat

samochód ciężarowy
der Lastwagen

samochód dostawczy
der Lieferwagen

samochód policyjny
das Polizeiauto

sąsiad / sąsiadka
der Nachbar /
die Nachbarin

samochód sportowy
der Sportwagen

schody ruchome
die Rolltreppe

samochód wyścigowy
der Rennwagen

ser
der Käse

samolot
das Flugzeug

serwetka
die Serviette

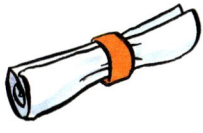

sandały
die Sandalen

sędzia
der Schiedsrichter /
die Schiedsrichterin

sanki
der Schlitten

siano
das Heu

sarna
das Reh

sieć
das Netz

siekiera
die Axt

skarb
der Schatz

sierść
das Fell

skarpety
die Socken

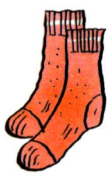

silnik
der Motor

sklep
das Geschäft

siodło
der Sattel

skok przez kozła
das Bockspringen

skakanka
das Springseil

skorupka jaja
die Eierschale

skały
der Felsen

skrzat
der Kobold

skansen
das Freilichtmuseum

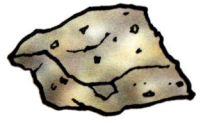

skrzydło
der Flügel

skrzynia
die Kiste

słonecznik
die Sonnenblume

skrzynka pocztowa
der Briefkasten

słonina
der Speck

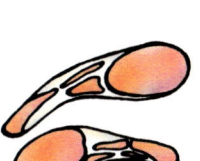

skrzypce
die Geige

słowa
die Wörter

słodycze
die Süßigkeiten

słownik
das Wörterbuch

słoik
das Einmachglas

smok
der Drache

słoma
das Stroh

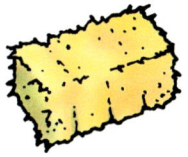

smycz
die Hundeleine

słoń
der Elefant

snowboard
das Snowboard

sofa
das Sofa

spodnie
die Hose

sok
der Saft

sport
der Sport

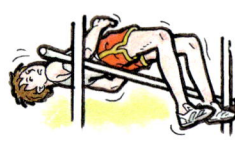

sopel lodu
der Eiszapfen

spódnica
der Rock

sowa
die Eule

**sprzedawca /
sprzedawczyni**
der Verkäufer /
die Verkäuferin

sól
das Salz

spycharka gąsienicowa
die Planierraupe

spadochron
der Fallschirm

stadion
das Stadion

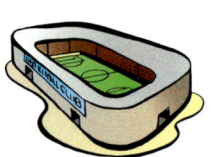

spodek
die Untertasse

stajnia
der Stall

statek
das Schiff

stopa
der Fuß

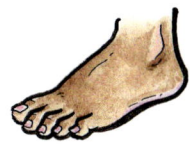

statek kosmiczny
das Raumschiff

stopień
die Stufe

staw
der Teich

stół
der Tisch

stodoła
die Scheune

strach na wróble
die Vogel-
scheuche

stokrotka
das Gänseblümchen

strażak
der Feuerwehrmann /
die Feuerwehrfrau

stolik nocny
der Nachttisch

strona
die Seite

stołek
der Hocker

strój kąpielowy
der Badeanzug

strumień
der Bach

szafa
der Schrank

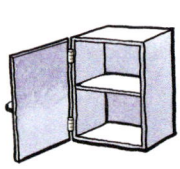

struś
der Strauß

szafa na ubrania
der Kleiderschrank

strzała
der Pfeil

szal
der Schal

sukienka
das Kleid

szczenię
der Welpe

suszarka do włosów
der Fön

szczoteczka do zębów
die Zahnbürste

sweter
der Pullover

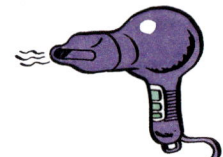

szczotka do włosów
die Haarbürste

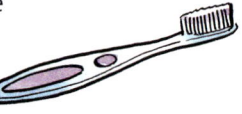

sygnalizacja świetlna
die Ampel

szczur
die Ratte

szklana kulka
die Murmel

szopa
der Schuppen

szklanka
das Glas

szosa
die Landstraße

szkoła
die Schule

szpadel
der Spaten

szkoła jeździecka
die Reitschule

szpital
das Krankenhaus

szlafrok
der Morgenmantel

szyja
der Hals

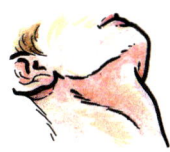

sznurek
der Bindfaden

szyld
das Schild

Warszawa 50 km

sznurowadło
der Schnürsenkel

szympans
der Schimpanse

Ś ś

szynka
der Schinken

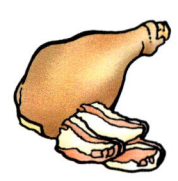

szyny kolejowe
die Eisenbahnschienen

szyszka jodły
die Tannenzapfen

ślimak
die Schnecke

śliwka
die Pflaume

ślizgawka
die Rutsche

śmieci
der Abfall

śmietana
die Sahne

śruba
die Schraube

świeczka
die Kerze

śrubokręt
der Schraubenzieher

świnia
das Schwein

świat
die Welt

świnka morska
das Meerschweinchen

światełko odblaskowe
der Reflektor

świnka skarbonka
das Sparschwein

światło
das Licht

Tt

tablica ścienna
die (Wand)Tafel

tapeta
die Tapete

taczka
die Schubkarre

targ
der Markt

talerz
der Teller

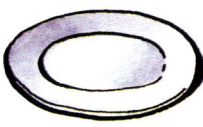

teatr
das Theater

tamburyn
das Tamburin

teczka szkolna
die Schultasche

tancerz / tancerka
der Tänzer /
die Tänzerin

telefon
das Telefon

telefon komórkowy
das Mobiltelefon

toast
der Toast

telewizor
der Fernseher

torba
die Tasche

telewizor z płaskim ekranem
der Flachbild-
fernseher

tornister
der Schulranzen

temperówka
der Bleistiftspitzer

tratwa
das Floß

termofor
die Wärmflasche

trawa
das Gras

termometr
das Fieberthermometer

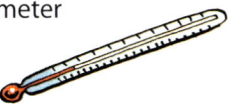

trawnik
der Rasen

toaleta
die Toilette

trąbka
die Trompete

a ą b c ć d e ę f g h i j k l ł m n ń o ó p r s ś **t** u w y z ź ż

tron
der Thron

tunel
der Tunnel

trójkąt
die Triangel

twarz
das Gesicht

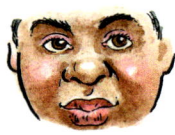

truskawki
die Erdbeeren

tygrys
der Tiger

tulipan
die Tulpe

U u

ubrania
die Kleidung

urodziny
der Geburtstag

ucho
das Ohr

urząd pocztowy
das Postamt

uczeń / uczennica
der Schüler /
die Schülerin

usta
die Lippen

ulica
die Straße

usta
der Mund

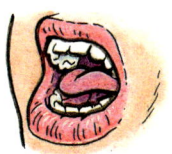

umywalka
das Waschbecken

W w

walizka
der Koffer

welon
der Schleier

wanna
die Badewanne

wełna
die Wolle

warzywa
das Gemüse

wędka
die Angel

wazon
die Vase

wędkarz / wędkarka
der Angler /
die Anglerin

wąż
die Schlange

wędkowanie
das Angeln

węzeł
der Knoten

wieloryb
der Wal

wiadomości
die Nachrichten

wiertarka
die Bohrmaschine

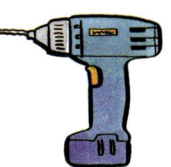

wiadro
der Eimer

wieś
das Dorf

widelec
die Gabel

wiewiórka
das Eichhörnchen

wieczne pióro
der Füller

wieża
der Turm

wiejski dom
das Bauernhaus

wieża stereo
die Stereoanlage

wielbłąd
das Kamel

wieżowiec
der Wolkenkratzer

wilk
der Wolf

wodospad
der Wasserfall

winda
der Fahrstuhl

worek
der Sack

winogrona
die Weintrauben

wół
der Ochse

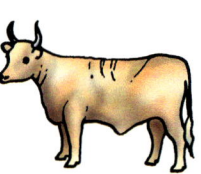

wiśnie
die Kirschen

wózek dla lalek
der Puppenwagen

włosy
die Haare

wózek dziecięcy
der Kinderwagen

woda
das Wasser

wózek na zakupy
der Einkaufswagen

woda mineralna
das Mineralwasser

wóz strażacki
das Feuerwehrauto

wrotki
die Rollschuhe

wycieraczka
der Scheibenwischer

wróbel
der Spatz

wypadek
der Unfall

wróżka
die Fee

wyspa
die Insel

wstążka do włosów
die Haarschleife

wyścig
der Wettlauf

wulkan
der Vulkan

wywrotka
der Kipplader

Z z

zabawka
das Spielzeug

zadania domowe
die Hausaufgaben

zagadka
das Rätsel

Co jest cięższe kilo piór, czy kilo ziemiaków? Wszystko waży tyle samo.

zając
der Hase

zamek
die Burg

zamek błyskawiczny
der Reißverschluss

zamek z piasku
die Sandburg

zapałki
die Streichhölzer

zdjęcie
das Foto

zdjęcie rentgenowskie
das Röntgenbild

zebra
das Zebra

zegarek na rękę
die Armbanduhr

zeszyt ćwiczeń
das Übungsheft

zęby
die Zähne

ziemia
die Erde

ziemniak
die Kartoffel

zlewozmywak
die Spüle

złodziej / złodziejka
der Dieb / die Diebin

złota rybka
der Goldfisch

zmiotka
der Handfeger

znaczek
die Briefmarke

znak drogowy
das Verkehrsschild

znak zapytania
das Fragezeichen

zoo
der Zoo

Ź ź

zupa
die Suppe

zwierzęta
die Tiere

zwierzęta domowe
die Haustiere

zwycięzca / zwyciężczyni
der Gewinner /
die Gewinnerin

źdźbło
der Strohhalm

źrebię
das Fohlen

Ż ż

żołądź
die Eichel

żółw
die Schildkröte

żaba
der Frosch

żółw wodny
die Wasserschildkröte

żagiel
das Segel

żongler / żonglerka
der Jongleur /
die Jongleurin

żaglówka
das Segelboot

żyrafa
die Giraffe

żarówka
die Glühbirne

żywopłot
die Hecke

żelki
die Weingummis

Kolory
Die Farben

czarny
schwarz

biały
weiß

szary
grau

żółty
gelb

pomarańczowy
orange

czerwony
rot

różowy
rosa

brązowy
braun

zielony
grün

niebieski
blau

fioletowy
lila

Liczby
Die Zahlen

0 zero

1 jeden	**6** sześć	**11** jedenaście	**16** szesnaście
2 dwa	**7** siedem	**12** dwanaście	**17** siedemnaście
3 trzy	**8** osiem	**13** trzynaście	**18** osiemnaście
4 cztery	**9** dziewięć	**14** czternaście	**19** dziewiętnaście
5 pięć	**10** dziesięć	**15** piętnaście	**20** dwadzieścia

Formy

Die Formen

kwadrat
das Quadrat

prostokąt
das Rechteck

trójkót
das Dreieck

koło
der Kreis

krzyż
das Kreuz

serce
das Herz

piramida
die Pyramide

owal
das Oval

gwiazda
der Stern

$10 - 3 = 7$ **dziesięć minus trzy równa się siedem**

$4 + 8 = 12$ **cztery plus osiem równa się dwanaście**

Moja rodzina
Meine Familie

krewni
die Verwandten

dziadek
der Großvater

dziadkowie
die Großeltern

babcia
die Großmutter

wujek
der Onkel

ciotka
die Tante

rodzice
die Eltern

matka
die Mutter

ojciec
der Vater

dzieci
die Kinder

siostra
die Schwester

brat
der Bruder

syn
der Sohn

córka
die Tochter

80

Nasz dom

Unser Haus

komin
der Schornstein

strych
der Dachboden

dach
das Dach

pokój dziecięcy
das Kinderzimmer

okno
das Fenster

łazienka
das Badezimmer

sypialnia
das Schlafzimmer

na górze
oben

sufit
die Zimmerdecke

na dole
unten

drzwi wejściowe
die Haustür

kuchnia
die Küche

podłoga
der Fußboden

schody
die Treppe

przedpokój
der Flur

pokój mieszkalny
das Wohnzimmer

piwnica
der Keller

Duży i mały

Groß und klein

duży
groß

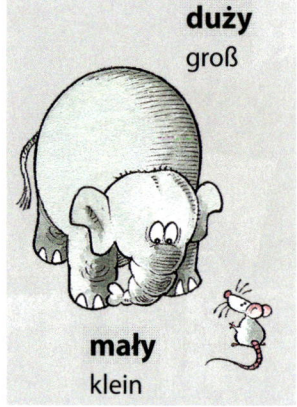

mały
klein

czysty
sauber

brudny
schmutzig

suchy
trocken

mokry
nass

wysoki
hoch

głęboki
tief

w lewo
links

w prawo
rechts

długi
lang

krótki
kurz

słodki
süß

kwaśny
sauer

cienki
dünn

gruby
dick

prosty
einfach

$2 + 2 =$

$817 \times 63 \div 9 =$

trudny
schwierig

szybki
schnell

wolny
langsam

szczęśliwy
glücklich

smutny
traurig

twardy
hart

miękki
weich

głośny
laut

cichy
leise

nowy
neu

stary
alt

prawidłowy
richtig

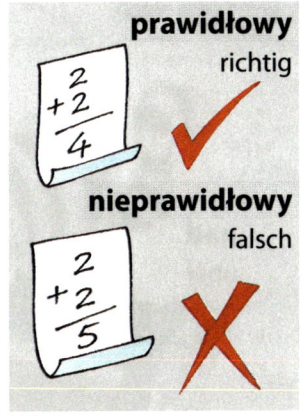

nieprawidłowy
falsch

dobry
gut

zły
schlecht

porządny
ordentlich

nieporządny
unordentlich

pełny
voll

pusty
leer

Gdzie one są?

Wo sind sie?

pomiędzy
zwischen

naprzeciwko
gegenüber

na górze
hinauf

za
hinter

nad
über

przed
vor

wokół
um … herum

pod
unter

pierwszy
erster

drugi
zweiter

trzeci
dritter

ostatni
letzter

na dół
herunter

przez
durch

pod
unter

na
auf

w
in

obok
neben

85

Co można robić 1

Was du tun kannst 1

jeździć na nartach
Ski fahren

rozmawiać
reden

liczyć
zählen

słuchać kogoś
zuhören

pisać
schreiben

pływać
schwimmen

rysować
zeichnen

pokazywać
zeigen

czytać
lesen

zamykać
zumachen

otwierać
aufmachen

Kocham Pania
Ich liebe Fr

budować
bauen

rozbierać
ausziehen

jeździć
fahren

jeździć na rowerze
Rad fahren

przynosić
bringen

jeździć na wrotkach
Rollschuh laufen

grać
spielen

jeść
essen

pić
trinken

ubierać
anziehen

dawać
geben

brać
nehmen

szukać
suchen

chować się
sich verstecken

wołać
rufen

płakać
weinen

klaskać
w dłonie
klatschen

jeździć
konno
reiten

śmiać się
lachen

budzić się
aufwachen

śpiewać
singen

szeptać
flüstern

spać
schlafen

tańczyć
tanzen

słuchać
hören

skakać
springen

wspinać się
klettern

rzucać
werfen

łapać
fangen

skakać przez skakankę
seilspringen

kopać
treten

pędzić
rennen

siedzieć
sitzen

upaść
hinfallen

wstać
aufstehen

stać
stehen

leżeć
liegen

pchać
schieben

ciągnąć
ziehen

89

Która godzina?

Wie spät ist es?

godzina
die Uhr

duża wskazówka
der große Zeiger

mała wskazówka
der kleine Zeiger

jedna godzina = 60 minut eine Stunde = 60 Minuten	**pół godziny = 30 minut** eine halbe Stunde = 30 Minuten
kwadrans = 15 minut eine Viertelstunde = 15 Minuten	**jedna minuta = 60 sekund** eine Minute = 60 Sekunden

czwarta godzina
vier Uhr

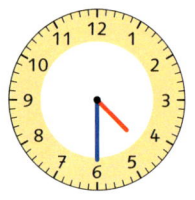

wpół do piątej
halb fünf

za pięć czwarta
fünf vor vier

dziesięć po czwartej
zehn nach vier

za kwadrans czwarta
Viertel vor vier

kwadrans po czwartej
Viertel nach vier

Doba

Tag und Nacht

dzień
der Tag

jasno
hell

rano
der Morgen

śniadanie
das Frühstück

Dzień dobry
Guten Morgen

pora obiadowa
die Mittagszeit

obiad
das Mittagessen

popołudnie
der Nachmittag

Dzień dobry
Guten Tag

wieczór
der Abend

Dobry wieczór
Guten Abend

kolacja
das Abendessen

noc
die Nacht

ciemno
dunkel

Dobranoc
Gute Nacht

pora snu
Schlafenszeit

o północy
um Mitternacht

północ
die Mitternacht

Rok ma dwanaście miesięcy

Ein Jahr hat zwölf Monate

Miesiące
Die Monate

styczeń	**lipiec**
Januar	Juli
luty	**sierpień**
Februar	August
marzec	**wrzesień**
März	September
kwiecień	**październik**
April	Oktober
maj	**listopad**
Mai	November
czerwiec	**grudzień**
Juni	Dezember

Kalendarz
Der Kalender

styczeń

poniedziałek Montag	1	8	15	22	29
wtorek Dienstag	2	9	16	23	30
środa Mittwoch	3	10	17	24	31
czwartek Donnerstag	4	11	18	25	
piątek Freitag	5	12	19	26	
sobota Samstag	6	13	20	27	
niedziela Sonntag	7	14	21	28	

Dni tygodnia
Die Wochentage

poniedziałek Montag	*wczoraj* gestern
wtorek Dienstag	*dzisiaj* heute
środa Mittwoch	*jutro* morgen
czwartek Donnerstag	
piątek Freitag	
sobota Samstag	*weekend* das Wochenende
niedziela Sonntag	

Pogoda

Das Wetter

chmura
die Wolke

deszcz
der Regen

pada deszcz
es regnet

tęcza
der Regenbogen

słońce
die Sonne

upał
die Hitze

gorąco
heiß

zimno
kalt

płatek śniegu
die Schneeflocke

śnieg
der Schnee

mróz
der Frost

pada śnieg
es schneit

wichura
der Sturm

piorun
der Blitz

burza
das Gewitter

wiatr
der Wind

mgła
der Nebel

Cztery pory roku
Die vier Jahreszeiten

wiosna
der Frühling

lato
der Sommer

wakacje
die Sommerferien

Wielkanoc
Ostern

jajko wielkanocne
das Osterei

Wesołych Świąt Wielkanocnych!
Frohe Ostern!

Boże Narodzenie
Weihnachten

Wesołych Świąt Bożego Narodzenia!
Frohe Weihnachten!

Święty Mikołaj
der Weihnachtsmann

choinka
der Weihnachts-baum

jesień
der Herbst

zima
der Winter

bałwan
der Schneemann

sylwester
Silvester

Nowy Rok
Neujahr

Szczęśliwego Nowego Roku!
Frohes neues Jahr!

Wszystkich Świętych
Allerheiligen

grób
das Grab

kwiaty
die Blumen

lany poniedziałek
Ostermontag

śmigus-dyngus
der Brauch des Bespritzens
mit Wasser am Ostermontag

woda
das Wasser

Deutsch-polnisches Wörterverzeichnis

A B C D E F G H I J K L M N O P Q R S T U V W X Y Z

A

der **Abend** wieczór 91
das **Abendessen** kolacja 91
der **Abfall** śmieci
der **Abfalleimer** kosz na śmieci
acht osiem 78
die **Achterbahn** kolejka górska
achtzehn osiemnaście 78
der **Adler** orzeł
die **Adresse** adres
der **Affe** małpa
die **Akrobaten** akrobaci
das **Album** album
Allerheiligen Wszystkich
    Świętych 96
der **Alligator** aligator
alt stary 83
die **Ameise** mrówka
die **Ampel** sygnalizacja świetlna
die **Amsel** kos
die **Ananas** ananas
die **Angel** wędka
das **Angeln** wędkowanie
der **Angler / die Anglerin**
    wędkarz / wędkarka
der **Anhänger** przyczepa
der **Anker** kotwica
der **Anorak** anorak
anziehen ubierać 87
der **Anzug** garnitur
der **Apfel** jabłko
die **Apfelsine** pomarańcza
April kwiecień 92
das **Aquarium** akwarium
die **Arbeit** praca
der **Arm** ramię
das **Armband** bransoletka
die **Armbanduhr** zegarek na rękę
der **Arzt / die Ärztin** lekarz / lekarka
der **Astronaut / die Astronautin**
    astronauta / astronautka
der **Atlas** atlas
auf na 85
aufmachen otwierać 86

aufstehen wstać 89
aufwachen budzić się 88
Auf Wiedersehen do widzenia
das **Auge** oko
die **Augenbraue** brew
August sierpień 92
ausziehen rozbierać 87
das **Auto** auto
die **Axt** siekiera

B

das **Baby** niemowlę
der **Bach** strumień
der **Bäcker / die Bäckerin** piekarz
der **Backofen** piekarnik
der **Badeanzug** strój kąpielowy
die **Badehose** kąpielówki
die **Badekappe** czepek kąpielowy
die **Badewanne** wanna
das **Badezimmer** łazienka 81
der **Bagger** koparka
der **Bahnhof** dworzec
der **Ball** piłka
die **Banane** banan
der **Bär** niedźwiedź
die **Batterie** bateria
der **Bauch** brzuch
bauen budować 87
der **Bauer / die Bäuerin** rolnik
das **Bauernhaus** wiejski dom
der **Bauernhof**
    gospodarstwo rolne
der **Baum** drzewo
das **Bein** noga
der **Berg** góra
die **Bergbewohner** górale
der **Besen** miotła
das **Bett** łóżko
die **Biene** pszczoła
das **Bild** obraz
das **Bilderbuch**
    książka z obrazkami
der **Bildschirm** ekran
der **Bindfaden** sznurek

die **Birne** gruszka
die **Blätter** liście
blau niebieski 78
der **Bleistift** ołówek
der **Bleistiftspitzer** temperówka
der **Blitz** piorun 93
die **Blockflöte** flet prosty
die **Blume** kwiatek
die **Blumen** kwiaty
das **Blumenbeet** rabata
der **Blumentopf** doniczka
das **Bockspringen** skok przez kozła
der **Bogen** łuk
die **Bohnen** fasola
die **Bohrmaschine** wiertarka
die **Bonbons** cukierki
das **Boot** łódź
der **Brauch des Bespritzens mit**
    Wasser am Ostermontag
    śmigus-dyngus 96
braun brązowy 78
das **Brett** deska
das **Brettspiel** gra planszowa
der **Brief** list
der **Briefkasten**
    skrzynka pocztowa
die **Briefmarke** znaczek
der **Briefschlitz** otwór na listy
der **Briefumschlag** koperta
die **Brille** okulary
bringen przynosić 87
die **Brombeere** jeżyna
das **Brot** chleb
das **Brötchen** bułka
die **Brücke** most
der **Bruder** brat 80
das **Buch** książka
die **Bücherei** biblioteka
das **Bücherregal** regał na książki
die **Buchstaben** litery
die **Burg** zamek
der **Bürgersteig** chodnik
der **Bus** autobus
der **Busch** krzak

die **Bushaltestelle**
   przystanek autobusowy
die **Butter** masło

C

der **CD-Player** odtwarzacz CD
der **Computer** komputer
die **Computermaus** mysz
das **Computerspiel**
   gra komputerowa

D

das **Dach** dach 81
der **Dachboden** strych 81
der **Daumen** kciuk
der **Deckel** pokrywka
der **Delfin** delfin
der **Detektiv / die Detektivin**
   detektyw
Dezember grudzień 92
dick gruby 82
der **Dieb / die Diebin**
   złodziej / złodziejka
Dienstag wtorek 92
die **Digitalkamera** aparat cyfrowy
der **Dinosaurier** dinozaur
Donnerstag czwartek 92
der **Doppeldeckerbus**
   autobus piętrowy
das **Dorf** wieś
die **Dose** puszka
der **Drache** smok
der **Drachen** latawiec
drei trzy 78
das **Dreieck** trójkąt
das **Dreirad** rower trzykołowy
dreizehn trzynaście 78
dritter trzeci 85
der **Dschungel** dżungla
dunkel ciemno 91
dünn cienki 82
durch przez 85
die **Dusche** prysznic
der **DVD-Player** odtwarzacz DVD

E

das **Echo** echo
das **Ei** jajko
die **Eiche** dąb
die **Eichel** żołądź
das **Eichhörnchen** wiewiórka
die **Eidechse** jaszczurka
der **Eierbecher** kieliszek do jaj
die **Eierschale** skorupka jaja
der **Eimer** wiadro
einfach łatwy 82
das **Einhorn** jednorożec
der **Einkaufswagen**
   wózek na zakupy
das **Einmachglas** słoik
das **Einrad** rower jednokołowy
eins jeden 78
das **Eis** lód
das **Eis am Stiel** lód na patyku
die **Eisbahn** lodowisko
der **Eisbär** niedźwiedź polarny
die **Eiscreme** lody
die **Eisenbahnschienen**
   szyny kolejowe
der **Eishockeyschläger**
   kij hokejowy
die **Eiswaffel** lód w waflu
der **Eiszapfen** sopel lodu
der **Elch** łoś
der **Elefant** słoń
elf jedenaście 78
der **Elf** elf
der **Ellenbogen** łokieć
die **Eltern** rodzice 80
das **Ende** koniec
der **Engel** anioł
die **Ente** kaczka
die **Erbsen** groszek
die **Erdbeeren** truskawki
die **Erde** ziemia
die **Erdnüsse** orzeszki ziemne
erster pierwszy 85
die **Erwachsenen** dorośli
es regnet pada deszcz 93

es schneit pada śnieg 93
der **Esel** osioł
das **Essen** jedzenie
essen jeść 87
die **Eule** sowa
das **Experiment** eksperyment

F

die **Fabrik** fabryka
die **Fahne** flaga
die **Fähre** prom
fahren jeździć 87
der **Fahrer / die Fahrerin** kierowca
die **Fahrkarte** bilet
das **Fahrrad** rower
der **Fahrradlenker**
   kierownica rowerowa
der **Fahrstuhl** winda
der **Fallschirm** spadochron
falsch nieprawidłowy 83
Familie rodzina 80
der **Familienname** nazwisko
fangen łapać 89
die **Farbe** farba
die **Farben** kolory 78
die **Fausthandschuhe**
   rękawice z jednym palcem
Februar luty 92
die **Feder pióro**
der **Federball** badminton
das **Federmäppchen** piórnik
die **Fee** wróżka
das **Feld** pole
das **Fell** sierść
der **Felsen** skały
das **Fenster** okno 81
das **Ferkel** prosię
die **Fernbedienung** pilot
das **Fernglas** lornetka
der **Fernseher** telewizor
das **Feuer** ogień
das **Feuerwehrauto** wóz strażacki
der **Feuerwehrmann /**
   die **Feuerwehrfrau** strażak

das **Feuerwerk** fajerwerki
das **Fieberthermometer** termometr
der **Film** film
der **Filzstift** flamaster
der **Finger** palec
die **Fingerhandschuhe** rękawiczka pięciopalczasta
der **Fingernagel** paznocieć u ręki
der **Fisch** ryba
der **Fischer / die Fischerin** rybak
die **Fischstäbchen** paluszki rybne
der **Flachbildfernseher** telewizor z płaskim ekranem
die **Flasche** butelka
die **Fledermaus** nietoperz
das **Fleisch** mięso
die **Fliege** mucha
die **fliegende Untertasse** latający spodek
das **Floß** tratwa
der **Flügel** skrzydło
der **Flughafen** lotnisko
das **Flugzeug** samolot
der **Flur** przedpokój 81
der **Fluss** rzeka
flüstern szeptać 88
das **Fohlen** źrebię
der **Fön** suszarka do włosów
die **Formen** formy 79
das **Foto** zdjęcie
der **Fotoapparat** aparat fotograficzny
die **Frage** pytanie
das **Fragezeichen** znak zapytania
die **Frau** kobieta
das **Freilichtmuseum** skansen
Freitag piątek 92
der **Freund / die Freundin** przyjaciel / przyjaciółka
der **Friseur / die Friseurin** fryzjer / fryzjerka

Frohe Ostern! Wesołych Świąt Wielkanocnych! 94
Frohe Weihnachten! Wesołych Świąt Bożego Narodzenia! 94
Frohes neues Jahr! Szczęśliwego Nowego Roku! 95
der **Frosch** żaba
der **Frost** mróz 93
der **Frühling** wiosna 94
das **Frühstück** śniadanie 91
der **Fuchs** lis
der **Füller** wieczne pióro
fünf pięć 78
fünfzehn piętnaście 78
der **Fuß** stopa
der **Fußball** piłka nożna
das **Fußballspiel** mecz piłki nożnej
der **Fußboden** podłoga 81

G

die **Gabel** widelec
die **Gans** gęś
das **Gänseblümchen** stokrotka
die **Garage** garaż
die **Gardine** firanka
der **Garten** ogród
geben dawać 87
der **Geburtstag** urodziny
gegenüber naprzeciwko 84
die **Geige** skrzypce
gelb żółty 78
das **Geld** pieniądze
das **Gemüse** warzywa
das **Geschäft** sklep
das **Geschenk** prezent
das **Geschichtenbuch** książka z bajkami
das **Gesicht** twarz
das **Gespenst** duch
gestern wczoraj 92
das **Getränk** napój

der **Gewinner / die Gewinnerin** zwycięzca / zwyciężczyni
das **Gewitter** burza 93
die **Giraffe** żyrafa
die **Gitarre** gitara
das **Glas** szklanka
die **Glocke** dzwonek
glücklich szczęśliwy 83
die **Glühbirne** żarówka
der **Goldfisch** złota rybka
der **Gorilla** goryl
das **Grab** grób 96
die **Grapefruit** grejpfrut
das **Gras** trawa
der **Grashüpfer** konik polny
grau szary 78
groß duży 82
der **große Zeiger** duża wskazówka 90
die **Großeltern** dziadkowie 80
die **Großmutter** babcia 80
der **Großvater** dziadek 80
grün zielony 78
das **Gummiband** gumka
die **Gummistiefel** kalosze
die **Gurke** ogórek
der **Gürtel** pasek
gut dobry 83
Gute Nacht Dobranoc 91
Guten Morgen Dzień dobry 91
Guten Tag Dzień dobry 91
Guten Abend Dobry wieczór 91

H

die **Haarbürste** szczotka do włosów
die **Haare** włosy
der **Haarreif** opaska na włosy
die **Haarschleife** wstążka do włosów
der **Hafen** port
der **Hahn** kogut
der **Hai** rekin
halbe Stunde pół godziny 90

der **Hals** szyja
die **Halskette** naszyjnik
die **Halsschmerzen** ból gardła
der **Hammer** młotek
der **Hampelmann** pajac
der **Hamster** chomik
die **Hand** ręka
der **Handfeger** zmiotka
das **Handtuch** ręcznik
die **Harke** grabie
hart twardy 83
der **Hase** zając
die **Haselnüsse** orzechy laskowe
Haus dom 81
die **Hausaufgaben**
   zadania domowe
die **Hausschuhe** kapcie
die **Haustiere** zwierzęta domowe
die **Haustür** drzwi wejściowe 81
die **Hecke** żywopłot
heiß gorąco 93
der **Heißluftballon**
   balon na ogrzane powietrze
hell jasno 91
das **Hemd** koszula
die **Henne** kura
der **Herbst** jesień 95
das **Herz** serce 79
das **Heu** siano
heute dzisiaj 92
die **Hexe** czarownica
die **Himbeeren** maliny
der **Himmel** niebo
hinauf na górze 84
hinfallen upaść 89
hinter za 84
hinunter na dół 85
die **Hitze** upał 93
hoch wysoki 82
der **Hocker** stołek
das **Holz** drewno
der **Honig** miód
hören słuchać 86
die **Hose** spodnie

der **Hubschrauber** helikopter
der **Hügel** pagórek
das **Huhn** kura
der **Hühnerstall** kurnik
der **Hummer** homar
der **Hund** pies
das **Hundehalsband** obroża
die **Hundehütte** psia buda
die **Hundeleine** smycz
der **Hut** kapelusz

I

der **Igel** jeż
in w 85
die **Inlineskates** rolki
die **Insekten** owady
die **Insel** wyspa

J

die **Jacke** kurtka
der **Jäger / die Jägerin** myśliwy
Jahr rok 92
Januar styczeń 92
der **Joghurt** jogurt
der **Jongleur / die Jongleurin**
   żongler / żonglerka
Juli lipiec 92
der **Junge** chłopiec
Juni czerwiec 92

K

der **Käfer** chrząszcz
der **Kaffee** kawa
der **Käfig** klatka
das **Kalb** cielę
der **Kalender** Kalendarz
kalt zimno 93
das **Kamel** wielbłąd
der **Kamm** grzebień
der **Kanarienvogel** kanarek
das **Känguru** kangur
das **Kaninchen** królik
der **Kaninchenstall** królikarnia
kannst można 86, 88

die **Kapuze** kaptur
die **Karotte** marchewka
das **Kartenspiel** gra w karty
die **Kartoffel** ziemniak
die **Kartoffelchips**
   chipsy ziemniaczane
das **Karussell** karuzela
der **Käse** ser
der **Kassettenrekorder**
   magnetofon kasetowy
das **Kätzchen** kotek
die **Katze** kot
das **Kaufhaus** dom towarowy
die **Kaulquappe** kijanka
der **Keks** ciastko
der **Keller** piwnica 81
die **Kerze** świeczka
der **Ketchup** keczup
das **Kind** dziecko
die **Kinder** dzieci
der **Kindergarten** przedszkole
der **Kinderwagen** wózek dziecięcy
das **Kinderzimmer**
   pokój dziecięcy 81
das **Kinn** broda
das **Kino** kino
der **Kipplader** wywrotka
die **Kirche** kościół
die **Kirschen** wiśnie
das **Kissen / das Kopfkissen**
   poduszka
die **Kiste** skrzynia
das **Klassenzimmer** sala lekcyjna
klatschen klaskać w dłonie 88
das **Klavier** pianino
das **Kleid** sukienka
der **Kleiderschrank**
   szafa na ubrania
die **Kleidung** ubrania
klein mały 82
der **kleine Zeiger**
   mała wskazówka 90
klettern wspinać się 89
das **Knie** kolano

der **Knochen** kość
der **Knopf** guzik
der **Knoten** węzeł
der **Koalabär** koala
der **Kobold** skrzat
der **Koch** kucharz
der **Kochtopf** garnek
der **Koffer** walizka
der **Kohl(kopf)** główka kapusty
die **Kokosnuss** orzech kokosowy
der **König** król
die **Königin** królowa
der **Kopf** głowa
der **Kopfsalat** sałata
der **Korb** kosz
der **Kran** dźwig
das **Krankenhaus** szpital
die **Krankenschwester** /
  der **Krankenpfleger**
  pielęgniarka / pielęgniarz
der **Krankenwagen**
  karetka pogotowia
die **Krawatte** krawat
der **Krebs** rak
die **Kreide** kreda
der **Kreis** koło 79
der **Kreisel** bąk
das **Kreuz** krzyż 79
das **Krokodil** krokodyl
die **Krone** korona
die **Küche** kuchnia 81
der **Kuchen** ciasto
der **Kugelschreiber** długopis
die **Kuh** krowa
der **Kühlschrank** lodówka
der **Kürbis** dynia
kurz krótki 82
das **Kuscheltier** pluszowa zabawka
der **Kuss** pocałunek

L

das **Labyrinth** labirynt
lachen śmiać się 88
das **Lamm** baranek

die **Lampe** lampa
die **Landkarte** mapa
die **Landstraße** szosa
lang długi 82
langsam wolny 83
der **Laptop** laptop
der **Lärm** hałas
das **Lasso** lasso
der **Lastwagen**
  samochód ciężarowy
die **Latzhose** ogrodniczki
der **Läufer / die Läuferin**
  biegacz / biegaczka
das **Laufrad** rowerek bez pedałów
laut głośny 83
leer pusty 83
der **Lehrer / die Lehrerin**
  nauczyciel / nauczycielka
die **Leinwand** płótno
leise cichy 83
die **Leiter** drabina
das **Lenkrad** kierownica
der **Leopard** lampart
lesen czytać 86
letzter ostatni 85
der **Leuchtturm** latarnia morska
die **Leute** ludzie
das **Licht** światło
das **Lied** piosenka
der **Lieferwagen**
  samochód dostawczy
liegen leżeć 89
der **Liegestuhl** leżak
lila fioletowy 78
die **Limonade** lemoniada
das **Lineal** linijka
links w lewo 82
die **Lippen** usta
das **Loch** dziura
der **Löffel** łyżka
die **Lokomotive** lokomotywa
der **Lokomotivführer** /
  die **Lokomotivführerin**
  maszynista / maszynistka

der **Löwe** lew
der **Löwenzahn** mlecz
der **Luftballon** balonik
die **Luftmatratze**
  dmuchany materac
die **Luftpumpe** pompka rowerowa
der **Lutscher** lizak

M

das **Mädchen** dziewczynka
Mai maj 92
der **Malkasten** pudełko z farbami
die **Mandarine** mandarynka
der **Mann** mężczyzna
der **Mantel** płaszcz
das **Märchen** bajka
die **Margarine** margaryna
der **Marienkäfer** biedronka
die **Marionette** marionetka
der **Markt** targ
die **Marmelade** marmolada
das **Marsmännchen** kosmita
März marzec 92
die **Maschine** maszyna
die **Maske** maska
der **Matrose** marynarz
die **Mauer** mur
der **Maulwurf** kret
die **Maus** mysz
das **Mauspad**
  podkładka pod myszkę
die **Medizin** lekarstwo
das **Meer** morze
das **Meerschweinchen**
  świnka morska
meine moja 80
die **Melone** melon
das **Messer** nóż
die **Milch** mleko
das **Mineralwasser**
  woda mineralna
minus minus 79
Minute minuta 90
das **Mittagessen** obiad 91

die **Mittagszeit** pora obiadowa 91
die **Mitternacht** północ 91
Mittwoch środa 92
das **Mobiltelefon**
    telefon komórkowy
die **Modelleisenbahn**
    model kolejki elektrycznej
die **Monate** miesiące 92
der **Mond** księżyc
Montag poniedziałek 92
der **Morgen** rano 91
morgen jutro 92
der **Morgenmantel** szlafrok
der **Motor** silnik
das **Motorrad** motocykl
die **Motte** mól
die **Möwe** mewa
der **MP3-Player** odtwarzacz MP3
die **Mücke** komar
der **Mund** usta
die **Murmel** szklana kulka
die **Muschel** muszla
die **Musik** muzyka
der **Musiker / die Musikerin** muzyk
die **Mutter** matka 80
die **Mütze** czapka

N

der **Nachbar / die Nachbarin**
    sąsiad / sąsiadka
der **Nachmittag** popołudnie 91
die **Nachrichten** wiadomości
die **Nacht** noc 91
das **Nachthemd** koszula nocna
der **Nachtisch** deser
der **Nachttisch** stolik nocny
der **Nacken** kark
die **Nadel** igła
der **Nagel** gwóźdź
die **Nähmaschine**
    maszyna do szycia
der **Name** imię
die **Nase** nos
das **Nashorn** nosorożec

nass mokry 82
die **Natur** natura
der **Nebel** mgła 93
neben obok 85
nehmen brać 87
das **Nest** gniazdo
das **Netbook** netbook
das **Netz** sieć
neu nowy 83
Neujahr Nowy Rok 95
neun dziewięć 78
neunzehn dziewiętnaście 78
das **Nickerchen** drzemka
das **Nilpferd** hipopotam
die **Note** nuta
November listopad 92
die **Nudeln** kluski
null zero 78
die **Nummer** numer
die **Nüsse** orzechy
der **Nussknacker**
    dziadek do orzechów

O

oben na górze 81
das **Obst** owoce
der **Ochse** wół
das **Ohr** ucho
der **Ohrring** kolczyk
Oktober październik 92
der **Onkel** wujek 80
orange pomarańczowy 78
das **Orchester** orkiestra
ordentlich porządny 83
das **Osterei** jajko wielkanocne 94
Ostern Wielkanoc 94
das **Oval** owal 79
der **Ozean** ocean

P

das **Paket** paczka
der **Palast** pałac
der **Pandabär** panda
der **Panter** pantera

der **Papagei** papuga
das **Papier** papier
der **Papierkorb** kosz na papiery
die **Papiertaschentücher**
    chusteczki higieniczne
der **Park** park
der **Pelikan** pelikan
der **Pfadfinder / die Pfadfinderin**
    harcerz / harcerka
die **Pfanne** patelnia
der **Pfannkuchen** naleśnik
der **Pfau** paw
der **Pfeil** strzała
das **Pferd** koń
der **Pfirsich** brzoskwinia
das **Pflaster** plaster
die **Pflaume** śliwka
der **Pflug** pług
die **Pforte** brama
die **Pfote** łapa
die **Pfütze** kałuża
das **Picknick** piknik
der **Pilot / die Pilotin** pilot
der **Pilz** grzyb
der **Pinguin** pingwin
der **Pinsel** pędzel
der **Pirat / die Piratin** pirat
die **Pizza** pizza
die **Planierraupe**
    spycharka gąsienicowa
plus plus 79
die **Polizei** policja
das **Polizeiauto**
    samochód policyjny
der **Polizist / die Polizistin**
    policjant / policjantka
die **Pommes frites** frytki
das **Pony** kucyk
das **Portemonnaie** portmonetka
das **Postamt** urząd pocztowy
der **Postbote / die Postbotin**
    listonosz / listonoszka
das **Poster** plakat
die **Postkarte** pocztówka

der **Preis** cena
der **Prinz** książę
die **Prinzessin** księżniczka
der **Pudel** pudel
der **Pullover** sweter
die **Puppe** lalka
das **Puppenhaus** dom dla lalek
der **Puppenwagen** wózek dla lalek
das **Puzzle** puzzle
die **Pyramide** piramida 79

Q
das **Quadrat** kwadrat 79
das **Quiz** kwiz

R
der **Rabe** kruk
das **Rad** koło
Rad fahren jeździć na rowerze 87
der **Radiergummi**
   gumka do wycierania
das **Radieschen** rzodkiewka
das **Radio** radio
die **Rakete** rakieta
der **Rasen** trawnik
der **Rasenmäher** kosiarka do trawy
das **Rätsel** zagadka
die **Ratte** szczur
der **Rauch** dym
das **Raumschiff** statek kosmiczny
die **Raupe** gąsienica
das **Rechteck** prostokąt 79
rechts w prawo 82
reden rozmawiać 86
der **Reflektor**
   światełko odblaskowe
der **Regen** deszcz 93
der **Regenbogen** tęcza 93
der **Regenmantel**
   płaszcz przeciwdeszczowy
der **Regenschirm** parasol
der **Regenwurm** dżdżownica
das **Reh** sarna
das **Rehkitz** jelonek

der **Reifen** hula-hoop
der **Reifen** opona
der **Reim** rym
der **Reis** ryż
der **Reißverschluss**
   zamek błyskawiczny
reiten jeździć konno 88
die **Reitschule** szkoła jeździecka
rennen pędzić 89
der **Rennwagen**
   samochód wyścigowy
das **Rentier** renifer
der **Reporter / die Reporterin**
   reporter / reporterka
das **Restaurant** restauracja
richtig prawidłowy 83
der **Riese** olbrzym
der **Ring** pierścionek
der **Ritter** rycerz
der **Roboter** robot
der **Rock** spódnica
Rollschuh laufen
   jeździć na wrotkach 87
die **Rollschuhe** wrotki
die **Rolltreppe** schody ruchome
das **Röntgenbild**
   zdjęcie rentgenowskie
rosa różowy 78
die **Rose** róża
rot czerwony 78
die **Roten Johannisbeeren**
   czerwone porzeczki
das **Rotkehlchen** rudzik
der **Rücken** plecy
der **Rucksack** plecak
das **Ruderboot** łódź wiosłowa
rufen wołać 88
die **Rutsche** ślizgawka

S
der **Sack** worek
der **Saft** sok
die **Säge** piła
die **Sahne** śmietana

der **Salat** sałatka
das **Salz** sól
Samstag / Sonnabend sobota 92
der **Sand** piasek
die **Sandalen** sandały
die **Sandburg** zamek z piasku
der **Sandkasten** piaskownica
der **Sänger / die Sängerin**
   piosenkarz / piosenkarka
der **Sattel** siodło
sauber czysty 82
sauer kwaśny 82
das **Schaf** owca
der **Schal** szal
der **Schatz** skarb
die **Schaufel** łopata
die **Schaukel** huśtawka
das **Schaumbad** kąpiel z pianą
der **Scheibenwischer** wycieraczka
die **Schere** nożyczki
die **Scheune** stodoła
schieben pchać 89
der **Schiedsrichter /**
   die Schiedsrichterin sędzia
das **Schiff** statek
das **Schild** szyld
die **Schildkröte** żółw
der **Schimpanse** szympans
der **Schinken** szynka
der **Schlafanzug** piżama
schlafen spać 88
die **Schlafenszeit** pora snu 91
das **Schlafzimmer** sypialnia 81
der **Schläger** kij baseballowy
die **Schlange** wąż
das **Schlauchboot** ponton
schlecht zły 83
der **Schleier** welon
der **Schlitten** sanki
die **Schlittschuhe** łyżwy
das **Schloss** zamek
der **Schlüssel** klucz
das **Schlüsselloch**
   dziurka od klucza

der **Schmetterling** motyl
schmutzig brudny 82
der **Schnabel** dziub
die **Schnecke** ślimak
der **Schnee** śnieg 93
die **Schneeflocke**
    płatek śniegu 93
das **Schneeglöckchen** przebiśnieg
der **Schneemann** bałwan 95
schnell szybki 83
der **Schnorchel** rurka oddechowa
der **Schnürsenkel** sznurowadło
die **Schokolade** czekolada
der **Schornstein** komin 81
der **Schrank** szafa
die **Schraube** śruba
der **Schraubenschlüssel**
    klucz płaski
der **Schraubenzieher** śrubokręt
schreiben pisać 86
der **Schreibtisch** biurko
die **Schubkarre** taczka
die **Schuhe** buty
die **Schule** szkoła
der **Schüler / die Schülerin**
    uczeń / uczennica
der **Schulhof** podwórko szkolne
der **Schulranzen** tornister
die **Schultasche** teczka szkolna
die **Schulter** ramię
der **Schuppen** szopa
die **Schüssel** miska
die **Schwalbe** jaskółka
der **Schwamm** gąbka
der **Schwan** łabędź
der **Schwanz** ogon
schwarz czarny 78
die **Schwarzen Johannisbeeren**
    czarne porzeczki
das **Schwein** świnia
das **Schwert** miecz
die **Schwester** siostra 80
schwierig trudny 82
das **Schwimmbad** basen

schwimmen pływać 86
die **Schwimmflügel**
    rękawki do pływania
der **Schwimmring** koło ratunkowe
sechs sześć 78
sechzehn szesnaście 78
der **See** jezioro
der **Seehund** foka
der **Seelöwe** mors
die **Seerose** lilia wodna
der **Seestern** rozgwiazda
das **Segel** żagiel
das **Segelboot** żaglówka
die **Seife** mydło
die **Seifenblasen** bańki mydlane
das **Seil** lina
seilspringen
    skakać przez skakankę
die **Seite** strona
Sekunde sekund 90
September wrzesień 92
die **Serviette** serwetka
der **Sessel** fotel
die **Shorts** krótkie spodenki
sich verstecken chować się 87
der **Sicherheitsgurt**
    pas bezpieczeństwa
die **Sicherheitsnadel** agrafka
sie są 84
sieben siedem 78
siebzehn siedemnaście 78
Silvester sylwester 95
singen śpiewać 88
sitzen siedzieć 89
Ski fahren jeździć na nartach 86
der **Skianzug**
    kombinezon narciarski
die **Skier** narty
die **Skistöcke** kijki narciarskie
das **Snowboard** snowboard
die **Socken** skarpety
das **Sofa** sofa
der **Sohn** syn 80
der **Sommer** lato 94

die **Sommerferien** wakacje 94
die **Sonne** słońce 93
die **Sonnenblume** słonecznik
die **Sonnenbrille**
    okulary przeciwsłoneczne
Sonntag niedziela 92
das **Sparschwein**
    świnka skarbonka
spät godzina 90
der **Spaten** szpadel
der **Spatz** wróbel
der **Specht** dzięcioł
der **Speck** słonina
der **Spiegel** lustro
das **Spiegelei** jajko sadzone
das **Spiel** gra
spielen grać 87
der **Spieler / die Spielerin** gracz
die **Spielkarten** karty do gry
der **Spielplatz** plac zabaw
das **Spielzeug** zabawka
die **Spinne** pająk
der **Spitzname** przezwisko
der **Sport** sport
der **Sportwagen**
    samochód sportowy
der **Springbrunnen** fontanna
springen skakać 89
das **Springseil** skakanka
die **Spüle** zlewozmywak
das **Stadion** stadion
die **Stadt** miasto
der **Stall** stajnia
der **Staubsauger** odkurzacz
stehen stać 89
die **Steine** kamienie
die **Stereoanlage** wieża stereo
der **Stern** gwiazda 79
die **Stiefel** buty z cholewami
das **Stiefmütterchen** bratek
der **Stier** byk
das **Stirnband** opaska na czoło
der **Stock** kij
der **Storch** bocian

der **Strand** plaża
die **Straße** ulica
der **Strauß** struś
die **Streichhölzer** zapałki
der **Streit** kłótnia
der **Strich** kreska
die **Strickmütze**
    czapka zrobiona na drutach
die **Stricknadeln**
    druty do robót ręcznych
das **Strickzeug** robótka na drutach
das **Stroh** słoma
der **Strohhalm** źdźbło
die **Strumpfhose** rajstopy
das **Stück** kawałek
die **Stufe** stopień
der **Stuhl** krzesło
Stunde godzina 90
der **Stundenplan** rozkład zajęć
der **Sturm** wichura 93
der **Sturzhelm** hełm ochronny
suchen szukać 87
die **Suppe** zupa
das **Surfbrett** deska surfingowa
süß słodki 82
die **Süßigkeiten** słodycze

T

Tag und Nacht doba 91
der **Tag** dzień 91
das **Tal** dolina
das **Tamburin** tamburyn
die **Tanne** jodła
die **Tannenzapfen** szyszka jodły
die **Tante** ciotka 80
tanzen tańczyć 88
der **Tänzer / die Tänzerin**
    tancerz / tancerka
die **Tapete** tapeta
die **Tasche** torba
das **Taschengeld** kieszonkowe
die **Taschenlampe** latarka
der **Taschenrechner** kalkulator

das **Taschentuch**
    chusteczka do nosa
die **Tasse** filiżanka
die **Tastatur** klawiatura
die **Taube** gołąb
der **Teddybär** miś pluszowy
der **Tee** herbata
die **Teekanne** dzbanek do herbaty
der **Teich** staw
das **Telefon** telefon
die **Telefonnummer**
    numer telefonu
die **Telefonzelle**
    budka telefoniczna
der **Teller** talerz
der **Tennisplatz** kort tenisowy
der **Tennisschläger**
    rakieta tenisowa
der **Teppich** dywan
das **Theater** teatr
der **Thron** tron
tief głęboki 82
die **Tiere** zwierzęta
der **Tierwärter / die Tierwärterin**
    dozorca / dozorczyni w zoo
der **Tiger** tygrys
der **Tisch** stół
der **Tischtennisschläger**
    rakieta pingpongowa
der **Toast** toast
die **Tochter** córka 80
die **Toilette** toaleta
die **Tomate** pomidor
das **Tor** brama
der **Torwart** bramkarz
der **Trainingsanzug** dres
der **Traktor** ciągnik
traurig smutny 83
die **Treppe** schody 81
treten kopać 89
der **Tretroller** hulajnoga
die **Triangel** trójkąt
die **Trillerpfeife** gwizdek
trinken pić 87

die **Trittleiter** drabina składana
trocken suchy 82
die **Trommel** bęben
die **Trompete** trąbka
die **Tulpe** tulipan
tun robić 86, 88
der **Tunnel** tunel
die **Tür** drzwi
der **Turm** wieża
die **Turnschuhe** obuwie sportowe

U

die **U-Bahn** metro
über nad 84
das **U-Boot** łódź podwodna
das **Übungsheft** zeszyt ćwiczeń
die **Uhr** godzina 90
um Mitternacht o północy 91
um … herum wokół 84
und i 82
der **Unfall** wypadek
das **Ungeheuer** potwór
die **Uniform** mundur
unordentlich nieporządny 83
die **Unordnung** nieporządek
unser nasz 81
unten na dole 81
unter pod 84, 85
das **Unterhemd** podkoszulek
die **Unterhose** majtki
die **Unterrichtsstunde** lekcja
die **Untertasse** spodek

V

die **Vase** wazon
der **Vater** ojciec 80
der **Verkäufer / die Verkäuferin**
    sprzedawca / sprzedawczyni
der **Verkehr** ruch uliczny
das **Verkehrsschild** znak drogowy
die **Verwandten** krewni 80
vier cztery 78
das **Viertel** ćwiartka
Viertelstunde kwadrans 90

vierzehn czternaście 78
die Vögel ptaki
die Vogelscheuche
  strach na wróble
voll pełny 83
vor przed 84
das Vorhängeschloss kłódka
der Vulkan wulkan

W

die Wachsmalstifte
  kredki świecowe
die Wachtel przepiórka
die Waffel gofr
der Wal wieloryb
der Wald las
die Walnuss orzech włoski
die Wandtafel tablica ścienna
die Wärmflasche termofor
die Warteschlange kolejka
was co 86, 88
das Waschbecken umywalka
die Waschmaschine pralka
das Wasser woda
der Wasserball piłka wodna
der Wasserfall wodospad
der Wasserkocher czajnik
die Wassermelone arbuz
die Wasserschildkröte
  żółw wodny
der Weg droga
weich miękki 83
Weihnachten Boże Narodzenie 94
der Weihnachtsbaum choinka 94
der Weihnachtsmann
  Święty Mikołaj 94
weinen płakać 88
die Weingummis żelki
die Weintrauben winogrona
weiß biały 78
die Welle fala
der Wellensittich papużka falista
der Welpe szczenię
die Welt świat

werfen rzucać 89
die Werkzeuge narzędzia
die Wespe ospa
das Wetter pogoda 93
der Wettlauf wyścig
wie która 90
die Wiese łąka
der Wind wiatr 93
die Windel pielucha
der Winter zima 95
die Wippe huśtawka
der Witz dowcip
wo gdzie 84
das Wochenende weekend 92
die Wochentage dni tygodnia 92
die Wohnung mieszkanie
der Wohnwagen
  przyczepa kempingowa
das Wohnzimmer
  pokój mieszkalny 81
der Wolf wilk
die Wolke chmura 93
der Wolkenkratzer wieżowiec
die Wolle wełna
die Wörter słowa
das Wörterbuch słownik
der Würfel kostka
der Wurm robak
das Würstchen kiełbaska

X

das Xylophon ksylofon

Z

die Zahlen liczby 78
zählen liczyć 86
die Zahnbürste
  szczoteczka do zębów
die Zähne zęby
die Zahnpasta pasta do zębów
die Zahnschmerzen ból zęba
die Zange obcęgi
der Zauberer czarodziej
der Zauberkünstler magik

der Zauberstab
  czarodziejska różdżka
der Zaun płot
das Zebra zebra
der Zebrastreifen pasy na jezdni
die Zehen palce u nóg
zehn dziesięć 78
der Zeichenblock blok rysunkowy
zeichnen rysować 86
die Zeichnung rysunek
zeigen pokazywać 86
die Zeitschrift czasopismo
die Zeitung gazeta
das Zelt namiot
die Ziege koza
ziehen ciągnąć 89
das Zimmer pokój
die Zimmerdecke sufit 81
der Zirkus cyrk
die Zitrone cytryna
der Zoo zoo
der Zucker cukier
der Zug pociąg
zuhören słuchać kogoś 86
zumachen zamykać 86
die Zunge język
zwanzig dwadzieścia 78
zwei dwa 78
der Zweig gałąź
zweiter drugi 85
die Zwiebel cebula
die Zwillinge bliźnięta
zwischen pomiędzy 84
zwölf dwanaście 78

Meine Lieblingswörter

Unser erstes
BILDWÖRTERBUCH
POLNISCH

Übersetzung:	Urszula Goebel
Redaktion:	Rebecca Syme
redaktionelle Mitarbeit:	Franziska Pannhorst, Stefanie Pott
Projektleitung:	Sinéad Butler
Layout und technische Umsetzung:	Katrin Tengler, Berlin
Umschlaggestaltung:	Cornelsen Verlag Design/
	Klein & Halm Grafikdesign, Berlin
Umschlagillustration:	Peter Pfeiffer, Berlin
Illustrationen:	Oxford Designers & Illustrators, Gabriele Heinisch
Tonstudio und -technik:	Clarity Studio, Berlin
Toningenieur und Aufnahmeleitung:	Christian Schmitz, Pascal Thinius

www.lextra.de
www.cornelsen.de

Die Links zu externen Webseiten Dritter, die in diesem Lehrwerk angegeben sind, wurden vor Drucklegung sorgfältig
auf ihre Aktualität geprüft. Der Verlag übernimmt keine Gewähr für die Aktualität und den Inhalt dieser Seiten
oder solcher, die mit ihnen verlinkt sind.

1. Auflage, 1. Druck 2011

Alle Drucke dieser Auflage sind inhaltlich unverändert und können im Unterricht nebeneinander verwendet werden.

© 2011 Cornelsen Verlag, Berlin

Druck: CS-Druck CornelsenStürtz, Berlin

ISBN 978-3-589-01923-6

 Inhalt gedruckt auf säurefreiem Papier aus nachhaltiger Forstwirtschaft.